大展好書　好書大展
品嘗好書　冠群可期

彩色圖解
太極武術
11

<四十式>

楊式太極拳

+VCD

宗維潔 編著

李士英 VCD

大展 出版社有限公司

國家圖書館出版品預行編目資料

<40式>楊式 太極拳+VCD / 宗維潔 編著・李士英VCD演示
－初版－臺北市：大展 ，2004【民93】
　　　　面 ； 21 公分 － （ 彩色圖解太極武術；11）
　　　ISBN 957- 468-315-X (平裝；附影音光碟)
　　1.太極拳

528.972　　　　　　　　　　　　93008203

<40式>楊式太極拳+VCD　　　ISBN 957-468-315-X

編 著 者 / 宗維潔
Ｖ Ｃ Ｄ / 李士英
責任編輯 / 佟　暉
發 行 人 / 蔡森明
出 版 者 / 大展出版社有限公司
社　　　址 / 台北市北投區（石牌）致遠一路 2 段 12 巷 1 號
電　　　話 / （02）28236031・28236033・28233123
傳　　　真 / （02）28272069
郵政劃撥 / 01669551
網　　　址 / www.dah-jaan.com.tw
E - mail / service@dah-jaan.com.tw
登 記 證 / 局版臺業字第 2171 號
承 印 者 / 暉峰彩色印刷有限公司
裝　　　訂 / 協億印製廠股份有限公司
排 版 者 / 順基國際有限公司
初版 1 刷 / 2004 年（民 93 年）8 月　　　　定價 / 350 元

楊 式 太 極 拳

楊式太極拳拳架舒展簡潔，結構嚴謹，身法中正，動作和順，輕靈沉著。為了進一步推廣、普及楊式太極拳，為了使楊式太極拳能夠納入競賽的軌道，１９８８年９月，國家體委武術研究院組織張文廣、張山、門惠豐、李秉慈、闞桂香、計月娥等專家、教授在傳統楊式太極拳的基礎上，創編了楊式太極拳競賽套路，使其統一化、規範化、定量化，更符合競賽的要求。

一、技術要求

太極拳雖有「不在形式，在氣勢；不在外面，在內中」和「重意不重形」的說法，但對初學者來說，還是應該先重形，後重意，先求姿勢正確，並在連貫複雜的動作中處處保持正確的姿勢，打好基礎，才有利於技術的逐步提高。

（一）虛領頂勁，氣沉丹田

1.虛領頂勁

虛領頂勁即「頭頂懸」。練拳時，頭要正直，不低頭，不仰面，不左右歪斜，轉動時要自然平正，要防止搖頭晃腦。頭要正直，要求頭頂的百會穴要始終有輕輕往上頂起之意，百會穴與會陰穴要保持垂直的姿勢，即所謂「上下一條線」。頂勁不可太過，也不可不及，要虛虛頂起，若有若無，不可硬往上頂。要使頭正，頂平，還必須使頸項端正豎起，下頦裏收。只有做到虛領頂勁，精神才提得起來，動作才能沉穩、紮實。

2.氣沉丹田

氣沉丹田，是身法端正，寬胸實腹，意注丹田，意識引導呼吸，將氣徐徐送到腹臍下。不許使力硬壓小腹，要求「以意行氣」，達到太極拳「身動，心靜，氣斂，神舒」的境地。

太極拳的腹式呼吸有助於膈肌的升降活動，使肺部和腹肌

有規律地收縮和舒張，這樣能使「氣沉丹田」有升有降，不致形成始終「氣沉丹田」無降無升的片面性。丹田以上之氣，用意下沉；丹田以下之氣，用圓襠提肛之法，使之上提於丹田，這樣上下皆輕靈，而重點全於丹田，即沉實，稱為「氣沉丹田」。

另外，太極拳的呼吸要適應拳勢的要求，應根據動作的開合、屈伸、起落、進退、虛實等變化，自然地配合，一個動作裏往往就伴隨著一呼一吸，而不是一個動作固定為一吸或是一呼。這種與動作自然配合的方法運用得當，可使動作更加協調、圓活、輕靈、沉穩。

（二）含胸拔背，鬆腰斂臀

1.含胸拔背

含胸拔背，即鎖骨保持平準而微下沉。胸肌放鬆，胸廓微向內含，使胸部有鬆快的感覺，稱作「含胸」；背肌放鬆，兩肩胛骨外展，同時下沉，脊柱要在背肌牽引下節節鬆沉直豎。兩肩中間頸下第三脊骨微有鼓起上提之意，使這部分皮膚有繃緊的感覺。稱作「拔背」。

含胸拔背有助於「氣沉丹田」，胸背部肌肉在鬆沉中逐漸下收，兩肩微含，兩肋微斂，並透過動作使胸腔上下徑放長，橫膈有下降舒展的機會，使腹部在放鬆狀態下極為充實，使重心下降、沉穩。

2.鬆腰斂臀

腰是上下體轉動的關鍵，對全身動作的變化，調整重心的穩定，以及使勁力到達肢體各部分，都有著主要作用。太極拳對腰部的要求是：鬆、沉、直。「鬆而沉」是為了使「氣沉丹田」能夠沉得充分，使上體氣不上浮，下肢穩定有力，更主要的是它對動作的進退旋轉，用軀幹帶動四肢及動作的完整性，起著主導作用。腰部在鬆沉的前提下，還需「正直」，在鬆沉中有向上頂和拔長之意就能直，腰直就表明在動作的轉動時，中軸不彎，不搖晃，只有中軸不彎、不搖，才能使內勁達到支撐面的靈活功用，而不致偏向一面。偏於前後為俯仰病，偏於

左右為歪斜病。

腰部的鬆、沉、直，是使脊柱有正常的彎曲，減少前弓形的彎曲度，能夠增加脊柱的彈性以緩衝震動，得到護腦作用。

鬆腰，有助於沉氣，重心穩定，樁步穩固，使內勁由腰軸旋轉的離心力貫注於四肢尖端。腰不鬆沉，不正直，臀部就容易過於突出，對「尾閭正中神貫頂」、「力由脊發」都會產生不良影響。拳論說：「命意源頭在腰際。」「腰際」指的是兩腎，俗稱「腰眼」。太極拳首重身法，因此，總的虛實在腰部，次在胸。腰部在動作時，以左右腰際交替抽換分虛實。腰際管兩腿，腰際實的一面，下邊的腿也實；腰際虛的一面，下邊的腿也虛。可見鬆腰對動作的進退旋轉，用軀幹帶動四肢的活動及動作的完整性有著主導作用。

斂臀則是在含胸拔背和鬆腰的基礎上使臀部稍作內收。臀部的生理構造是微向外突，練拳時如過於外突，必有彎腰、低頭之病，故太極拳家提出「斂臀」的要求。斂臀時，可盡量放鬆臀部和腰部肌肉，輕輕使臀肌向外下方舒展，然後再輕輕向前、向裏收斂，就像用臀把骨盆包起來，又像用臀把小腹托起來那樣，不僅有利於做好平衡動作，也有利於「氣沉丹田」，達到重心下降的作用。

（三）圓襠鬆胯，尾閭中正

1.圓襠鬆胯

襠即會陰部位，頭頂百會穴的「虛領頂勁」要與會陰穴上下相呼應，這是保持身法端正「上下一條線」的鍛鍊方法。襠要圓，就必須注意兩胯撐開，兩膝有微向裏扣，兩腿內側有夾住一圓球之意。另外，會陰處虛上提，襠自會實，加上腰的鬆沉，臀的收斂，自然產生襠勁。鬆胯可使恥骨聯合和坐骨結節上的關節隙縫擴大，運動幅度加大，腿部的弧形運動更加靈活，使內勁上升到腰脊。

2.尾閭中正

尾骨骨節要始終對準胸腹部正中線，意似托起丹田，腹部

正中線欲向何處，尾骨骨節即直對何處，對動向有掌握方向的作用，使動作在任何角度上都保持「身正」，可以說尾骨骨節是動作姿勢「中正安舒」、「支撐八面」的準星，其對下盤動作的穩固也有重要的作用。

（四）沉肩墜肘，舒指坐腕

1.沉肩墜肘

練太極拳時，不論以身領手或以手領身，都是順勢轉圈的，因此，要求手臂在伸縮轉圈時要鬆柔圓活。手臂能否鬆柔圓活，關鍵在於肩關節能不能鬆開。透過練習達到自然鬆活的要求後，還需進一步鍛鍊肩的「沉勁」；同時，肘關節也需微屈並具有下垂勁，兩者合一，即為「沉肩垂肘」。它有助於「含胸拔背」的自然形成，如果聳肩抬肘，就會破壞「含胸拔背」的姿勢，不利於「氣沉丹田」。「沉肩垂肘」時要注意腋下留有一拳距離，手臂有迴旋的餘地。

另外，久練之後，兩肩除沉之外，還要有微向前合抱的意思，兩肘要有微向裏的裏勁，使勁力貫串到上肢手臂，從而加大手臂在伸縮、升降、纏繞中的力量。

2.舒指坐腕

舒指坐腕，實際上是將周身勁力通過其根在腳，發於腿，主宰於腰，形於手指，而完整體現出來，做到「完整一氣」、「周身一家」。練拳時五指要自然伸直，不可用力併緊或用力張開。拇指與食指不能併在一起，須分開撐圓，即「虎口」要圓。在手臂的伸縮、升降、纏繞過程中，腕部應柔活有韌性地運轉。腕部的沉著下塌，可使手臂徐徐貫注內勁。

二、學練特點

太極拳的學練提高可以分成三個階段：第一階段打好形體基礎；第二階段力求完整協調；第三階段注重內外相合，形神兼備。

（一）基礎階段

寫字要首先保證字形準確，打太極拳也要首先做到姿勢動作正確，符合要求，打好形體基礎。形的基礎指身型、手型、步型、身法、手法、步法、腿法、眼法等型法符合規格，避免錯誤定型。武術家常說「學拳容易改拳難」，一旦形成錯誤習慣，糾正會更困難，所以，從學練之初就要十分注意型和法的規範要求。體的基礎指體力、素質和基本功的訓練，為技術提升打好物質基礎。這一階段的技術要求和練習要點是：

1.體鬆心靜

打拳時要求身體放鬆，心理安靜，精神集中，呼吸自然。要學會調整自己的身體，消除緊張，不但使肢體舒鬆，還要做到心理安靜。

2.立身中正

打太極拳要求中正安舒，端正自然。有的人長期形成了不良習慣，打拳時拱肩駝背，低頭彎腰。也有人動作緊張生硬，造成身體前俯後仰，擺臀扭胯。這些都要認真糾正，在打拳中努力保持良好的體型、體態。

3.型法準確

對每種型法的規格、要領都要清楚，一招一勢力求準確。從一開始就力求準確，寧可學得少一點，努力做得好一點的學習態度，是最紮實、最有效的途徑。

4.舒展柔和

姿勢和動作既不能緊張生硬，也不能軟縮乾癟。應做到姿勢舒展，動作柔和，柔而不軟，展而不硬，剛柔適度。在放鬆自然狀態下，輕柔飽滿地展現自身。

（二）熟練階段

這一階段要求打拳完整協調，連貫圓活，動作如行雲流水，和諧流暢，不發生「斷勁」現象。這是衡量一個人技術熟練與否的重要標誌。

1.上下相隨

任何太極拳都要求手、眼、身、步協調配合，周身形成一

個整體。初學者往往顧此失彼，發生手腳脫節，四肢與軀幹分家，以及運動中生硬轉折，忽輕忽重等現象，武術術語稱為「斷勁」。太極拳技術的提升和熟練，首先應表現出運動的協調性、完整性。

2.運轉圓活

太極拳也要力求圓活和順，轉接自然，避免直來直往，生硬轉換。要做到這一點，需要特別重視腰和臂的旋轉，以腰為軸帶動四肢。以臂為軸牽引兩手，使手腳動作和軀幹連成一體。

3.動作連貫

太極拳動作之間要前後銜接，綿綿不斷，不允許有明顯的停頓和割裂。前一動作的完成即轉入後一動作的開始，做到「勢斷勁不斷，勁斷意不斷」。兩個動作之間，先由意念和氣勢聯結轉換，再由腰腿帶動四肢，由內而外，由微漸著地發生形變。切忌生硬突然，急起急停。

（三）自如階段

這一階段的重點是意念引導和呼吸調整，力求氣勢流暢，內外相合，形意統一，得心應手。

1.以意導體，分清虛實

練太極拳自始至終要求思想專一。但是，初學時思想只能集中於記憶動作和規格要領，其表現是精力用在手腳上。動作熟練以後，思想集中於周身協調，精力重點用在腰腿上。技術再提升，思想就會轉入動作的虛實和勁力的剛柔運用方面，表現為精力放在意念引導動作上。

2.以氣運身，氣力相合

初學太極拳只要求自然呼吸，當吸則吸，當呼則呼，通暢自然，不必受動作約束。技術提升以後，應該有意識地引導呼吸與動作配合，使動作和勁力得到更好發揮。這種呼吸叫做「拳勢呼吸」。一般說來，當動作轉實時，應該有意識地呼氣、沉氣，以氣助力；當動作轉虛時，有意識地吸氣，以利於動作轉換。所以，太極拳經典理論說「能呼吸然後能靈活」。

楊式太極拳動作名稱

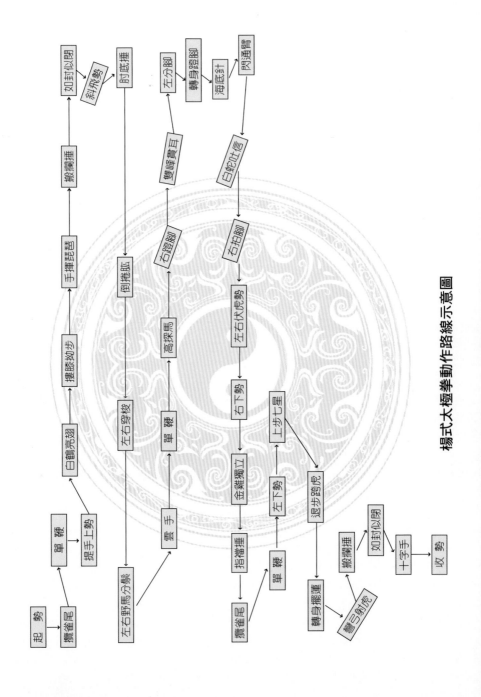

楊式太極拳動作路線示意圖

預備勢

身體自然直立。左腳向左開步，與肩同寬，腳尖向前；兩臂自然下垂，兩手放在大腿外側；眼看前方（圖1、2、3）。

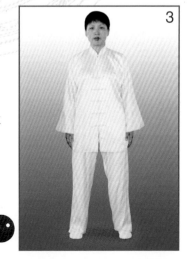

【錯誤與糾正】

①錯誤：挺胸。糾正：採用腹式呼吸，氣沉丹田，兩肩放鬆，含胸拔背。

②錯誤：下頦前探。糾正：提頂，收下頦。脊背要有上下對拉拔長之意。

③錯誤：開步時，身體左右晃動，兩腳八字或一前一後。糾正：開步時，支撐腿微屈，開步腳的腳前掌先落地，兩腳尖在同一條橫線上，然後全腳掌落地。

（一）起　勢

　　兩臂徐徐向前平舉；兩掌高與肩平，與肩同寬；掌心向下（圖4）。

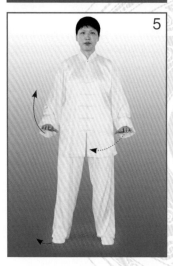

　　兩肘下沉，自然地帶動兩掌慢慢向下按至大腿外側，掌指向前，掌心向下；眼看前方（圖5）。

【錯誤與糾正】

　　①錯誤：兩臂前平舉時易抬肩；直臂；兩掌易高於肩。糾正：肩部放鬆，由肩到肘再到掌，節節貫通輕緩舉起，與肩同高。

　　②錯誤：下按時手臂僵直，手腕僵硬，兩掌無下按之意。糾正：下按時，沉肩墜肘，下按的意識集中在掌心，手臂不能伸直，手臂成下弧形。

（二）攬雀尾

身體微右轉；右腳尖外撇，重心右移；左腳掌著地，腳跟提起；同時右掌舉至右胸前，屈肘，掌心向下；左掌舉至腹前，掌心斜向上；眼看右前方（圖6、7）。

左腿屈膝提起，隨即向左前方邁步；先腳跟著地，然後全腳踏實，左腿屈膝側弓；右腿伸直，成左弓步；同時身體微右轉，左掌向左前方掤出（即左臂平屈成弓形，用左前臂外側和掌背向前掤出），左掌與左前臂高與肩平，掌心向裏；右掌弧形按於右胯旁，掌心向下；眼看右前方（圖8、9、10、11）。

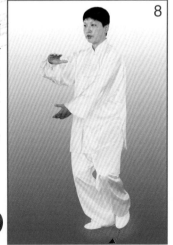

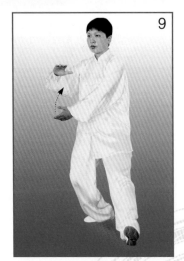

重心右移。左腳尖內扣踏實,隨即重心左移,左腿屈膝側弓;右腿伸直,腳跟提起。同時左前臂內旋,掌心翻轉向下;右前臂外旋,右掌由右向左弧形抄舉於身體左側;左掌在上,右掌在下,兩掌心相對,兩臂均成半圓形;眼看左前方(圖12、13)。

　　重心移於左腿；右腿屈膝提起，隨
即向右前方邁步，腳跟先著地，然後全
腳著地，右腿屈膝前弓；左腿伸直，成
右弓步；同時身體右轉，以右前臂外側
和右掌背向前掤出，高與肩平，掌心向
裏；左掌置於右前臂下方，掌心向外；
眼看前方（圖14、15、16）。

右臂微伸，掌心翻轉向下，掌指向前；左掌外旋轉腕，使掌心向上，掌指向前，置於右前臂下；同時重心後移，坐實左腿；身體微左轉；兩掌隨轉體向下、向左後方将至左腹側，兩臂彎曲；眼看左前方（圖17、18）。

身體微右轉，右前臂屈舉於胸前，掌心向裏；左掌扶於右前臂內側，掌心向外；同時重心前移，右腿屈膝前弓，左腿伸直成右弓步；隨即以右前臂外側為力點，向前徐徐擠出；左掌扶於右前臂內側，高與胸平；眼看前方（圖19、20）。

左掌沿右掌背弧形向前、向左平
抹，右掌向前伸出，隨即翻轉掌心向
下，兩臂與胸同高；重心後移，坐實左
腿；右腿微直；兩掌回收於胸前，掌心
向前下方，掌指向前上方；眼看前方
（圖21、22）。

重心前移，右腿屈膝前弓，左腿伸直成右弓步；同時兩掌向前按出，掌心向前，掌指向上；兩臂微屈，兩肘下垂；眼看前方（圖23、24）。

【錯誤與糾正】

①錯誤：重心前移時，胸部與腰胯脫節，前移過快，成挺胸塌腰。糾正：重心前移時，鬆腰沉胯，肩與胯合，支撐腿蹬地重心前移，胯動肩動，節節貫穿。

②錯誤：左右轉體時，手動腰不動。右腳易拖地提收。糾正：以腰為軸帶動四肢運動，斂臀提收腳。

③錯誤：弓步時，兩腳前後易在同一條線上。糾正：上步時，前腳與後腳橫向之間有一定的寬度。

④錯誤：兩掌前按時，兩掌過低。糾正：重心前移時，兩掌在胸前沉腕向前按出。

（三）單　鞭

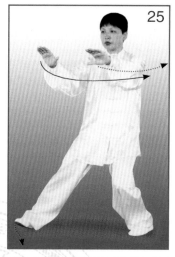

　　上體後坐，身體左後轉，重心逐漸移至左腿；左腿屈膝，右腳內扣踏實，右腿微直；同時兩掌由前向左弧形平抹至身體左側方，掌心仍向下，掌指向左，高與肩平；眼看左前方（圖25、26）。

　　重心右移，左腳屈膝提起；同時身體右轉；兩掌由左向右弧形平抹至身體右側，右掌成勾手，勾尖向下；左掌置於右臂內側，掌心斜向上；眼看右側方（圖27、28）。

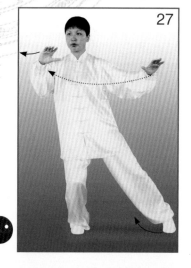

身體左轉，左腳向左側邁步，先以
腳跟著地，然後全腳踏實，隨即左腿屈
膝前弓；右腿伸直，成左弓步；同時左
掌向左推出，掌指向上，掌心斜向前；
眼看左前方（圖29、30）。

【錯誤與糾正】

①**錯誤**：轉腰與重心的移動不協
調。**糾正**：當重心移動的同時，轉腰帶
臂運行。

②**錯誤**：重心起伏較大。**糾正**：重
心前移時，後支撐腿重心高度保持不
變。

（四）提手上勢

重心後移，身體右轉，左腳尖內扣踏實，隨即重心移於左腿；右腳向左腳前邁步，腳跟著地，成右虛步；同時兩掌由兩側合舉於胸前；右掌高與鼻平，掌指向上，掌心向左；左掌高與胸平，掌心向右，掌指斜向前上；眼看前方（圖31、32）。

【錯誤與糾正】

①**錯誤**：易與42式的提手上勢動作相混淆。**糾正**：定勢時，兩掌由身體的兩側合舉於胸前。

②**錯誤**：定勢時，下頦前探，上體過分前俯，凸臀，前腿過直。**糾正**：提頂收下頦，含胸拔背，斂臀立身，重心不要過多支撐到前腿上，前腿膝關節微屈。

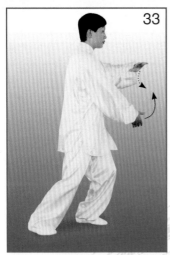

33

（五）白鶴亮翅

　　身體左轉，右掌向下、向左畫弧至左前與左掌相抱，兩掌心相對；同時右腳微向後撤步，身體重心移於右腿；左腳向右腳前邁步，腳尖點地，成左虛步；右掌向右、向上弧形舉至頭的右上方；掌心向外；左手按於左胯旁，掌心向下，掌指向前；眼看前方（圖33、34、35）。

34

35

【錯誤與糾正】

　　①**錯誤**：定勢時，右手臂易成90度彎曲。**糾正**：右手臂展開，自然彎曲成弧形。

　　②**錯誤**：腰的轉動與上肢動作不協調。**糾正**：腰動上肢動，協調配合。

（六）摟膝拗步

右掌由上向前、向下弧形運轉至右側後方，掌心斜向上；身體右轉；左掌由下向右上弧形運轉至右胸前，掌心斜向後；眼看右後方（圖36、37）。

身體左轉，左腳屈膝提起，隨即向前邁步，先以腳跟著地，然後全腳踏實；左腿屈膝前弓，右腿伸直，成左弓步；同時左掌向下、向左弧形摟至左膝外側，掌心向下，掌指向前；右掌由右耳側向前推出，掌心向前，掌指向上；眼看前方（圖38、39、40）。

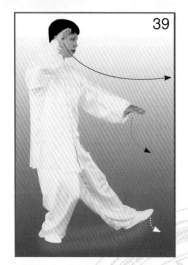

　　身體左轉，重心前移，左腳尖外
撇；右腳跟提起，腳掌著地；同時左掌
心翻轉向上，隨即向後弧形運轉，屈
臂，掌心斜向上；右掌隨身體左轉由前
向左後弧形運轉至左胸前，掌心斜向
後；眼看左後方（圖41、42）。

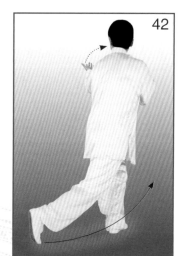

　　身體右轉，右腳屈膝提起，隨即向
前邁步，先腳跟著地，然後全腳踏實；
右腿屈膝前弓，左腿伸直，成右弓步；
同時右掌由左向下、向右弧形摟至右膝
旁，掌心向下、掌指向前；左掌隨轉體
向前推掌，掌心向前，掌指向上；眼看
前方（圖43、44、45）。

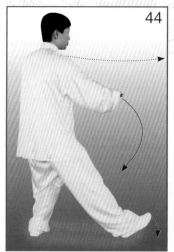

　　身體右轉，右腳尖外撇，重心前移；左腳跟提起，腳掌著地；同時右掌翻轉掌心向上、向右後運轉至右腰側，掌心斜向上；左掌回收於右胸前，掌心向右；眼視右後方（圖46、47）。

　　左腳屈膝提起，隨即向左前方邁步，先以腳跟著地，然後全腳踏實，左腿屈膝前弓右腿伸直，成左弓步；同時身體左轉；左掌向下、向左弧形摟至左膝側，掌心向下，掌指向前；右掌由右耳側向前推出，掌心向前，掌指向上；眼看前方（圖48、49、50）。

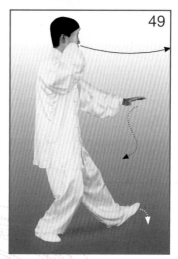

【錯誤與糾正】

　　①**錯誤**：兩腳前後易在同一條直線上。**糾正**：上步時，前腳應向左（右）前上方落步，兩腳橫向間應有一定的距離。

　　②**錯誤**：摟手不摟，圍腰轉。定勢時，聳肩，手掌不下按。**糾正**：摟手隨腰轉動向前下方摟出並下按至胯旁。

　　③**錯誤**：上手向前推擊時，聳肩抬肘，手掌遠離耳側易形成向前拍擊。**糾正**：沉肩墜肘，肘不得高於肩，手掌收至耳側向前推出。

　　④**錯誤**：弓步的前膝超過足尖。**糾正**：後腳的腳跟外展或胯鬆沉。

（七）手揮琵琶

重心前移，右腳向前跟進半步，於左腳後落地踏實，隨即重心後移，身體後坐；左腳腳跟著地，成左虛步；同時身體右轉，左掌向前弧形挑舉於胸前，掌心向右，掌指向上，高與鼻平；右掌向右、向裏弧形舉於左肘裏側，掌心向左，掌指向上；眼看前方（圖51、52、53）。

【錯誤與糾正】

①**錯誤**：重心前移時，身體前俯過多，再後移，重心起浮過大。**糾正**：前腿支撐住重心後，再跟後腳，上體保持中正。

②**錯誤**：腰與上肢動作不協調。**糾正**：身體以腰為軸帶動兩臂運動。

（八）搬攔捶

身體左轉，左腳尖外撇，右腳向前
邁步，腳尖外撇；左腳跟提起，腳掌著
地；同時右掌變拳向下、向裏、向上弧
形向前搬出，左掌自前而下弧形移至胸
前，掌心向右，掌指向上，眼看前方
（圖54、55、56）。

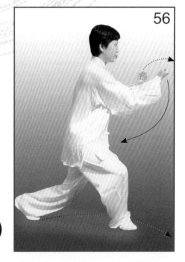

左腳向前邁步，先以腳跟著地，同時右拳收回腰際，拳心向上；左掌向前探出。接著左腳全腳踏實，左腿屈膝前弓，右腿伸直，成左弓步；同時身體微左轉，右拳向前打出，臂直與胸平，右拳眼向上；左掌置於右肘裏側，掌心向右，掌指向上；眼看前方（圖57、58）。

【錯誤與糾正】

①錯誤：上下肢的動作與腰的轉動配合不協調。糾正：在向左轉腰同時，左腳外擺，上肢的左、右掌開始變化。

②錯誤：在攔掌時手快、腳慢配合不協調。糾正：左手向前攔掌時，重心過渡至右腿後，左腳向前邁步的速度稍快些，與左掌配合協調。

③錯誤：右拳擊出過高。糾正：右拳在向左轉腰的同時，向前擊出，定勢時拳與胸同高。

（九）如封似閉

　　左掌由右腕下向前穿出；右拳變掌翻轉掌心向下，兩掌隨即收於胸前，掌指向上，掌心斜向裏；同時重心後移，身體後坐，右腿彎曲，左腿微直，成左虛步；眼看前方（圖59、60）。

　　右腳蹬地，重心前移，左腿屈膝前弓，右腿伸直，成左弓步；同時兩臂內旋使兩掌向前按出，兩掌心向前，掌指向上，掌腕高與肩平；眼看前方（圖61、62）。

62

【錯誤與糾正】

①**錯誤**：重心後移時，前腳尖易抬起；凸臀上體前傾。**糾正**：重心後移時前腳不動。斂臀立身背向後倚靠，重心後移。

②**錯誤**：兩掌前按時，易挺胸，塌腰。重心前移一半後兩掌再向前按掌。**糾正**：兩掌前按時含胸拔背、立腰鬆胯、氣沉丹田，力達掌跟，重心逐漸前移，兩掌隨重心前移慢慢按出。

（十）斜飛勢

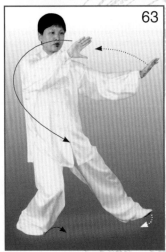

63

身體右轉，重心後移，左腳尖內扣踏實；右腳掌為軸，腳跟內旋，成右虛步；同時右掌由前向上、向後弧形運動至腹前，掌心向左，掌指向下；左掌由前向上弧形運轉至左耳側，掌心向下，掌指向右，眼看右前方（圖63、64）。

64

右腳屈膝提起，身體右轉，右腳向右前方邁步，先以腳跟著地，然後全腳踏實，右腿屈膝前弓，左腿伸直，成右弓步；同時兩掌右上左下弧形分舉，右臂伸直，掌心向上，掌指向右前上方；左掌置於左胯外側，掌心向下，掌指向前，臂微屈；眼看右前方（圖65、66、67）。

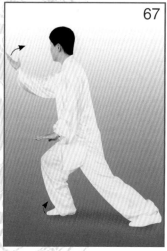

【錯誤與糾正】

①**錯誤**：轉身邁步時，只動手不轉體。**糾正**：轉身邁步的同時，立身轉體，鬆胯邁步，兩臂分開。

②**錯誤**：重心前移後，左胯外翻。**糾正**：重心前移時，左胯根鬆沉，左腳跟隨轉體外展。

（十一）肘底捶

　　身體左轉，重心左移，右腳內扣踏實，隨即身體微右轉，重心移於右腿，左腳跟提起；同時右掌弧形向左移至右胸前，掌心向下；左掌翻轉移至右腹前，掌心向上，兩掌心上下相對，臂成半圓形；眼看右前方（圖68、69）。

　　身體左轉，左腳屈膝提起，左腳向右腳前邁步踏實；隨即右腳向左腳後落步；同時兩掌向左弧形平抹，左掌置於左腰側，掌心向下，掌指向前；右掌置於身體前方，掌心向前，掌指向上，高與鼻平；眼看前方（圖70、71、72）。

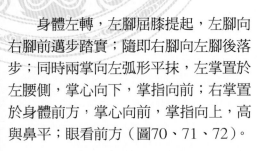

重心後移於右腿，左腳跟著地，成左虛步；同時左掌從右臂裏側向前穿舉，掌心向右，掌指向上，高與鼻平；右掌變拳回收於左肘內側，拳心向內；兩臂均成半圓形；眼看前方（圖73、74）。

【錯誤與糾正】

①錯誤：重心左移時，左胯易向左外凸。糾正：重心左移時，斂臀左胯鬆沉向左轉腰。

②錯誤：只動手臂不動腰。糾正：腰為主宰，腰動手動。

③錯誤：定勢時，凸臀，上體前俯，下頦前探。糾正：定勢時，斂臀立身，背往後倚靠，提頂收下頦，立掌穿臂劈出。

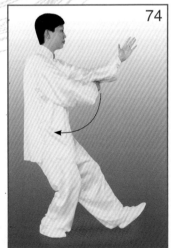

（十二）倒捲肱

　　右拳變掌，掌心翻轉向上，隨上體右轉經腹前由下向後上方弧形平舉，臂微屈，掌心斜向上；左掌隨即翻轉掌心向上；眼隨著轉體向後看（圖75、76）。

　　右臂屈肘，右掌經右耳側向前推出，掌心向前，掌指向上；左臂屈肘後撤至左肋外側，掌心向上；同時身體左轉；左腳輕輕提起，向後（偏左）側退一步，先腳掌著地，然後慢慢踏實，重心移到左腿上；右腳隨轉體，以腳掌為軸轉正，成右虛步；眼看前方（圖77、78、79）。

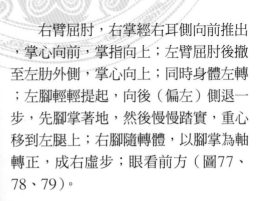

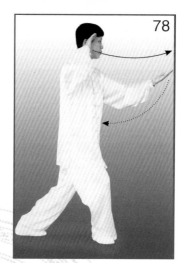

上體微左轉，左掌隨轉體向後上方
弧形平舉，掌心向上，眼看左後方（圖
80）。

左臂屈肘，左手經左耳側向前推出，掌心向前，掌指向上；右掌心翻轉向上撤至右肋側；同時身體右轉，右腳輕輕提起，向後（偏右）側退一步，先腳尖著地，然後慢慢踏實，重心移在右腳上；左腿隨著轉體以腳掌為軸自然轉正成左虛步；眼看前方（圖81、82、83）。

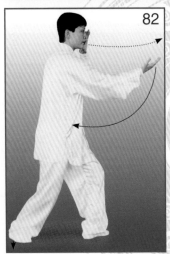

【錯誤與糾正】

①**錯誤：**兩掌展開時，易在轉腰的同時轉胯、扭膝。**糾正：**展開兩掌的同時，轉腰，並沉胯，後支撐腿的膝關節不動。

②**錯誤：**後撤時，兩腳前後易落在一條縱線上。**糾正：**左腳後撤時，要稍向左後方落步。

（十三）左右穿梭

　　身體重心後移，左腳尖裏扣踏實，身體向右後轉，隨即重心移於左腿，右腿屈膝提起，隨即落地，腳尖外撇；同時右掌向上、向右後上方弧形運轉至額前，掌心向下，兩掌心相對，兩臂均成半圓形；眼看左前方（圖84、85、86）。

　　重心前移，左腿屈膝提起，左腳向
左前方邁步，先以腳跟著地，然後全腳
踏實，左腿屈膝前弓，右腿伸直，成左
弓步；同時左掌向左前方弧形上架至頭
的左上方，掌心翻轉向上，掌指向前；
右掌由上向下、向左前方弧形推舉，掌
心向前，掌指向上，兩臂均成半圓形；
眼看左前方（圖87、88、89）。

40式楊式太極拳

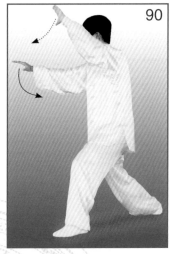

身體微右轉，重心後移，隨即身體
左轉，重心前移，右腳跟提起，右腳尖
著地；同時右掌隨轉體先向右平抹再向
左抄舉於身體左前方，掌心向上，左臂
微下落，兩掌心相對，兩臂均成半圓；
眼看左前方（圖90、91）。

右腿屈膝提起，右腳向右前方邁
步，先以腳跟著地，然後全腳踏實，右
腿屈膝前弓，左腿伸直，成右弓步；同
時右掌向右上弧形架舉於頭的右上方，
掌心向上，掌指向前；左掌向下、向右
前方推出，高與胸平，掌心向前，掌指
向上，兩臂微屈；眼看右前方（圖92、
93、94）。

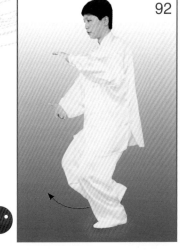

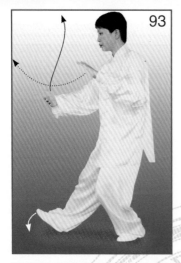

【錯誤與糾正】

①錯誤：倒捲肱變穿梭向後轉體時，右掌易向後、外畫弧運轉至體前。糾正：轉腰的同時，右掌向上、向右後上方弧形運轉至體前。

②錯誤：穿梭定勢時，上體易歪斜。糾正：定勢時，胯平、肩平、轉腰時是圍繞著自己身體的縱軸方向轉動運轉，上體保持中正。

③錯誤：左右穿梭變化時，右掌易回抽。糾正：左右穿梭變化時，右掌隨轉體先向右平抹再向左抄舉於身體左前方。

（十四）左右野馬分鬃

身體微左轉，重心後移，隨即身體微右轉，重心前移；左腳跟提起，左腳掌著地；同時左掌弧形向左平抹，隨即向右下抄舉於右腹前，掌心翻轉向上；右掌微下落，兩掌心相對，兩臂均成半圓形，眼看右前方（圖95、96）。

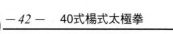

身體左轉，左腿屈膝提起，左腳向左前方邁步，先腳跟著地，然後全腳踏實，左腿屈膝前弓，右腿伸直，成左弓步；同時左掌向左前方分舉，掌心斜向內，高與肩平；右掌按於右胯外側，掌心向下，兩臂均成半圓形；眼看左前方（圖97、98、99）。

　　身體微左轉，重心前移，右腳跟提起，腳掌著地；同時左臂內旋；掌心翻向下，高與肩平；右掌微向下移，掌心斜向後；眼看左前方（圖100、101）。

　　右腿屈膝提起，右腿向前方邁步，先以腳跟著地，然後全腳踏實，右腿屈膝前弓，左腿伸直，成右弓步；同時右掌向前分舉，掌心向裏，高與胸平；左掌按於左胯外側，掌心向下，兩臂均成半圓形；眼看前方（圖102、103、104）。

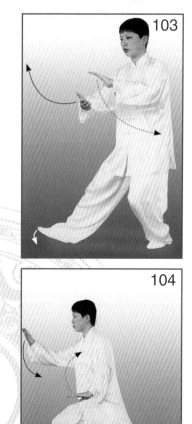

【錯誤與糾正】

　　①錯誤：腰的轉動與上肢動作配合不協調。糾正：在轉腰的同時，兩臂分開，形成靠採動作。

　　②錯誤：前臂的手腕易折腕。糾正：前臂要形成一個整體的外靠，不能折腕。

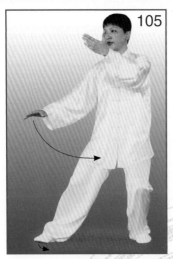

（十五）雲　手

　　身體左轉，左掌由下向前、向上弧形向左側方運轉，掌心斜向左下方，掌指向左側方；右掌向下、向左弧形運轉經腹前至左肘內側，掌心斜向左上，兩臂均成半圓形；同時左腳尖外擺，重心移於左腿，右腳內扣提起向左腳內側移步，兩腿彎曲，成小開立步；眼看左側方（圖105、106、107）。

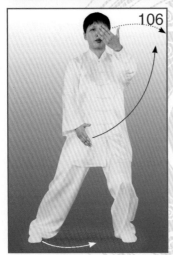

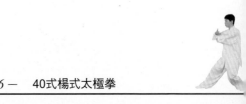

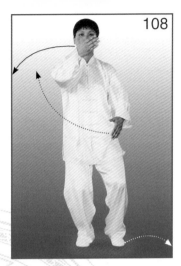

身體右轉，右掌由左向上、向右弧
形運轉經臉前至右側方，掌心斜向下，
掌指向右側方；左掌向下、向右弧形運
轉經腹前至右肘內側，掌心斜向右上，
兩臂均成半圓形；同時重心移於右腿，
左腳向左橫開步腳掌著地，腳跟提起；
眼看右側方（圖108、109）。

動作與（圖106、107）相同。
（圖110、111）

動作與（圖108、109）相同。
（圖112、113）

動作與（圖106、107）相同。
（圖114、115）

【錯誤與糾正】

①**錯誤：**只動手，不動腰。**糾正：**以腰帶臂，腰動手動，腰不動，手不動。

②**錯誤：**兩前臂易橫向拉開，不旋轉手臂。**糾正：**在轉腰的同時，上臂內旋，下臂外旋。

③**錯誤：**橫開步時，兩腳形成外八字。**糾正：**要求兩腳平行落地，腳尖正對前方。

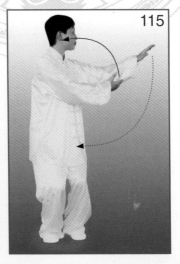

（十六）單　鞭

雲手重複做5次之後，右掌運轉至身
體右側上方時變勾手；左掌運至右臂內
側；身體左轉，左腿屈膝提起，左腳向左
邁步，先以腳跟著地，然後全腳踏實；左
腿屈膝前弓，右腿伸直，成左弓步；左掌
向左側方推出，掌心向左，掌指向上；眼
看左前方（圖116、117、118、119、
120、121）。

（十七）高探馬

　　重心前移，右腳向左腳跟半步，隨即重心後移；左腳腳尖點地，腳跟提起，成左虛步；同時右勾手變掌，右臂回屈，右掌經右耳側向前探出，掌心朝下，掌指斜朝左前方；左掌翻轉掌心向上，左臂回屈，左掌舉於體前，掌心向上；眼看前方（圖122、123、124、125）。

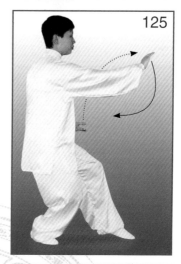

【錯誤與糾正】

　　①錯誤：跟步時，上體易前俯。糾正：重心前移至左腿時，上體保持中正安舒。

　　②錯誤：跟步易跟至左腳跟。糾正：跟步時，跟半步。

（十八）右蹬腳

　　身體左轉，左掌由左向前、向右經右臂下向裏弧形抹轉至右胸前，掌心斜向裏；右掌自右向裏、向左經左臂上側弧形前抹，掌心斜向左，隨之兩掌繼續再轉半圓，兩掌交叉，右掌在外；同時左腿屈膝提起，左腳向左前方邁步，先以腳跟著地，然後全腳踏實；左腿屈膝；右腳跟提起，右腳掌著地；眼看右前方（圖126、127、128、129、130）。

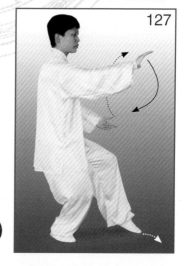

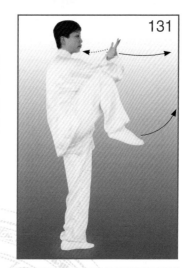

　右腿屈膝提起，以右腳跟為力點向
右前蹬出，腳尖向上，高與胯平；同時
兩掌向左右弧形分開，掌心向外，掌指
向上，腕部高與肩平；眼看右前方（圖
131、132）。

【錯誤與糾正】

　①**錯誤**：蹬腳時，右胯、臀外翻。
糾正：蹬腳時，腳尖向上，腳尖不能內
扣形成右胯外翻。

　②**錯誤**：兩掌分開時，聳肩、抬肘
、手腕鬆軟無力。**糾正**：分掌時，沉肩
、墜肘，兩掌弧形分開。

（十九）雙峰貫耳

　右腿回屈；左掌翻轉掌心向上，由
左向前、向右弧形運轉至右膝裏側，掌
心向上；右掌翻轉掌心向上，置右膝右
側，兩臂稍屈；眼看右前方（圖133）。

右腳向右前方落步，先以腳跟著地，然後全腳踏實，右腿屈膝前弓，左腿伸直，成右弓步；同時兩掌變拳由兩側弧形向右前貫擊，兩拳眼相對，高與耳平，兩臂均成半圓形；眼看右前方（圖134、135、136）。

【錯誤與糾正】

①**錯誤**：右腳落地，重心前移過快，形成腿快手慢。**糾正**：首先左腿屈膝下蹲，重心坐實左腿；右腳腳跟先落地，慢慢地重心前移至右腿，與兩手臂同時到位。

②**錯誤**：貫拳時，兩肘翻起上翹，折腕，凸臀。**糾正**：貫拳時，沉肩、墜肘，臂成下弧形，手腕不能下塌折腕。立身斂臀。

（二十）左分腳

身體重心微後移，右腳尖外撇踏
地，重心前移，左腳跟提起，腳掌著
地；同時兩拳變掌經兩側向下弧形分
開，掌心向下；眼看前下方（圖137、
138）。

左腿屈膝提起；兩掌交叉合抱於胸
前，左掌在外，掌心向裏；隨即兩掌向
左右弧形分舉，掌心均向外，掌指向
上，兩腕與肩同高；同時左腳向左側方
分舉，腳面自然繃平，腿高與胯平；眼
看左側方（圖139、140）。

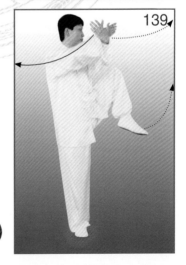

【錯誤與糾正】

①**錯誤：**膝關節彎曲，踝關節過鬆。**糾正：**分腳時，左腿自然伸直，踝關節處繃腳面，力達腳尖。

②**錯誤：**分腳時，手臂與腿形成十字分腳。**糾正：**分腳時，（左）手臂與（左）腿上下在同一條豎線上。

（二十一）轉身蹬腳

右腳跟離地，以右腳掌為軸，身體迅速向右後轉；同時左腳隨轉體自左而前右擺，下落於右踝旁，先以腳尖著地，隨著重心漸漸移於左腿而至全腳踏實，隨即左腿微下蹲，右腳提起；同時，兩掌隨轉體自左右向胸前合抱交叉，右掌在外，掌心皆朝裏；眼隨轉體平視轉移。眼神要關及兩掌合抱（圖141、142）。

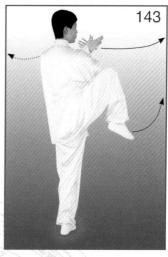

右腿屈膝提起，隨即以右腳跟為力點向右側方蹬出，腳尖向上，腿高與胯平；同時兩掌向兩側弧形分開，掌心向前，掌指向上；眼看右側方（圖143、144）。

【錯誤與糾正】

錯誤：轉身時，只動腿，不轉體，轉的角度不夠。**糾正：**轉身時，右腳跟抬起，以前腳掌為軸，向右轉體帶動左腿運行。

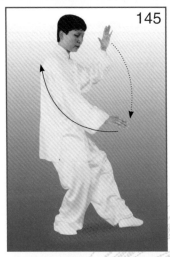

（二十二）海底針

身體右轉，右腳向左腳後落步，先以腳尖著地，然後全腳踏實，隨即重心移於右腿；左腳移至右腳前，腳尖著地，成左虛步；同時右掌由前向下、向後、再向上弧形向前下方插掌，掌心向左，掌指向前下方；左掌由後向左弧形按於左胯外側，掌心向下，掌指向前；眼看前下方（圖145、146、147）。

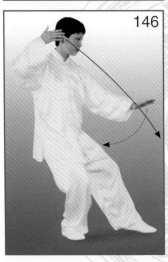

【錯誤與糾正】

①錯誤：挺胸、塌腰、凸臀。糾正：重心坐實右腿，儘可能使頭頂、脊椎、尾閭在同一條豎線上，含胸拔背，斂臀立身。

②錯誤：右手臂提收時聳肩提肘。糾正：提收時，沉肩，墜肘，右臂走下弧形提收。

（二十三）閃通臂

　　上體直起並向右轉，左腳向前邁步，先以腳跟著地，然後全腳踏實，左腿屈膝前弓，右腿伸直，成左弓步；同時右臂內旋，右掌舉於頭的右前方，掌心向外，臂呈半圓；左掌向前推舉，臂微直，掌心向前，掌指向上；眼看前方（圖148、149、150、151）。

【錯誤與糾正】

　　錯誤：定勢時，上身向左歪斜，右胯翻起。**糾正：**左膝對準左足尖，上下在一條直線上，右胯根鬆沉，上身沿身體的縱軸轉體。

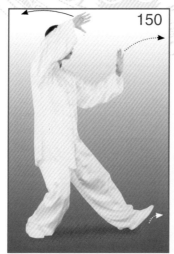

（二十四）白蛇吐信

重心後移於右腿；左腳尖翹起內扣踏實，身體右轉，隨之重心再移至左腿；同時右掌隨轉體向右、向下變拳弧形運至左肋旁，拳心向下；左掌向上、向右弧形運至右前臂上側，掌心向下；眼看右前方（圖152、153）。

身體繼續右轉，右腿屈膝提起，隨即向右前方邁出一步，先腳跟著地，然後全腳踏實，右腿屈膝前弓，左腿伸直，成右弓步；右拳變掌向右前、向下弧形運至右腰側，掌心向上，掌指向前；左掌由上向下順右臂向右前方推出，掌心向前，掌指向上，臂微直，眼看右前方（圖154、155、156）。

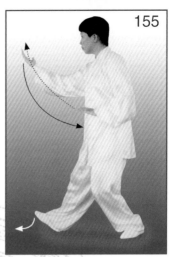

【錯誤與糾正】

　　①**錯誤：**重心後移時，右胯凸出扣左腳。**糾正：**重心坐實右腿，斂臀收胯扣左腳。

　　②**錯誤：**轉體後，右腿向右前方上步時，上體前傾。**糾正：**重心坐實左腿，斂臀立身向右前方上步。

（二十五）右拍腳

重心前移，左腿屈膝提起，隨即左腳向前方邁步，腳尖外撇，兩腿屈膝交叉，右腳跟提起，同時右掌順左臂向右前、向下弧形向裏抹轉一周，兩掌交叉於胸前，左掌在裏，掌心斜向裏；眼看右前方（圖157、158）。

右腿屈膝提起，隨即右腳向右前方
擺踢，腳面自然繃平；同時兩掌向上、
向左右分舉，右掌拍擊右腳面；左掌側
舉於左後方，掌心向下，眼看右前方
（圖159、160、161）。

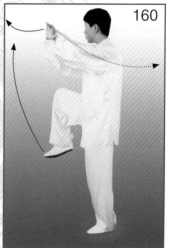

【錯誤與糾正】

①**錯誤**：左腳上步，兩掌合抱於體
前時，只動四肢不轉腰。**糾正**：在上步
的同時，轉腰帶臂，兩掌合抱於體前。

②**錯誤**：拍擊時，彎腰縮脖，勾腳
尖。**糾正**：拍擊時，提頂立身，兩臂分
開，繃腳面拍擊。

162

（二十六）左右伏虎勢

　　右腳落於左腳裏側；左掌向前、向右弧形舉於身體右前方，兩臂微屈，兩掌心向下；眼看右前方（圖162）。

163

　　左腳向左後撤步，腳掌著地；身體左轉；左腳跟內轉踏實，左腿屈膝前弓，右腿伸直，成左弓步。左掌變拳架於頭的左上方，拳心斜向上，拳眼向下；右掌變拳舉於左肋旁，拳心向裏，拳眼向上，眼看右前方（圖163、164、165、166）。

164

165

重心後移，右腿屈膝，左腿微屈；
同時兩拳變掌微落，手心向下；眼看左
前方（圖167）。

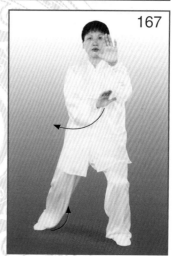

重心左移，身體右轉，右腿屈膝提
起，隨即右腳向前邁步，先腳跟著地，
然後全腳踏實；右腿屈膝前弓，左腿伸
直，成右弓步；同時兩掌向下、向右弧
形運轉，右掌變拳架於頭的右前上方，
拳心向前，拳眼向下；左掌變拳置於右
肋旁，拳心向裏，拳眼向上，兩臂均成
半圓，兩拳眼相對；眼看前方（圖168、
169、170）。

【錯誤與糾正】

　　①錯誤：手動腰不動。糾正：以腰動帶動上肢運行。

　　②錯誤：定勢時，轉動方向不足，兩腳前後在一條直線上。糾正：兩腳尖橫向有一定的距離，落腳時，左（右）斜前方落腳。

　　③錯誤：兩臂位置不到位。糾正：上手架於頭的（左）右上方，下手置於身體的（左）右肋旁。

（二十七）右下勢

　　身體左轉，左腳尖稍外撇，重心後移，左腿屈膝下蹲；右腳掌為軸；腳跟稍外蹬，右腿伸直，成右仆步；同時左拳變掌由前向下、向後弧形運至左後方，隨即變勾手，右拳變掌由前向上、向裏經右胸向下沿右腿裏側向前穿出，掌心斜向下，掌指向前；上體微前伏；眼看前下方（圖171、172、173）。

【錯誤與糾正】

　　①錯誤：仆步穿掌時，上體前俯，臀部後凸，左臂僵直。糾正：仆步穿掌時，左腿屈膝下蹲，上體自然中正，左胯鬆沉，臀部內斂，左臂沉肩墜肘。

　　②錯誤：右掌回收運行時過至左胸後，向下運行。糾正：右拳變掌向上、向裏經右胸向下沿右腿裏側向前穿出。

（二十八）金雞獨立

左腳蹬地，重心前移，右腿屈膝前弓，左腿伸直，成右弓步；同時身體直起，右掌向前穿舉，掌指向前，掌心斜向下；眼看前方（圖174）。

重心前移，左腿屈膝提起；同時左勾手變掌由後向下、向前弧形舉於體前，臂微屈，掌指向上，掌心向右，左肘與左膝上下相對；右掌由前向下弧形按於右胯旁；眼看前方（圖175、176）。

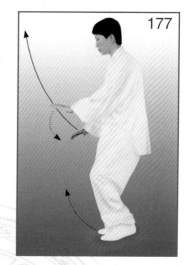

左腳落於右腳裏側，隨之右腿屈膝提起；同時左掌下落至左腿外側，掌心向下，掌指向前；右掌由下向前弧形挑舉於前方，臂微屈，掌心向左，掌指向上，右肘與右膝上下相對；眼看前方（圖177、178）。

【錯誤與糾正】

①**錯誤**：左腿屈膝提起時，上體前俯，凸臀起身。**糾正**：重心前移右腿後，壓住重心，斂臀立身金雞獨立。

②**錯誤**：定勢時，上手臂回縮。**糾正**：定勢時，上手臂的肘關節與提膝腿的膝關節上下相對，手臂成弧形。

（二十九）指襠捶

右腳向前邁步，右腳尖稍外撇，隨即重心前移；左腳跟提起；同時右掌向前、向下弧形運至右腰間，掌心向上；左掌由左向前弧形平抹，掌心向下，掌指向前；眼看前方（圖179、180）。

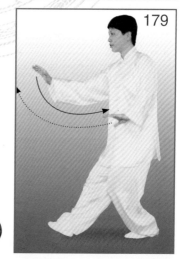

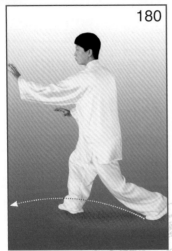

左腳向前邁步，先以腳跟著地，然後全腳踏實，左腿屈膝前弓，右腿伸直，成左弓步；同時左掌微向左摟舉，臂呈半圓，掌心向下，掌指向前；右掌變拳向前下方打出，臂微屈，拳眼向上；眼看前下方（圖181、182）。

【錯誤與糾正】

錯誤：沖拳過高，空心拳。**糾正**：右拳從右側旋臂向前沖出，同與腹齊，拇指扣在中指第二指節上，自然握攏。

（三十）攬雀尾

　　身體重心略向後移，左腳尖外撇，身體微左轉；右拳變掌向左捋，掌心向後；左掌向左弧形上移至體前，高與左肩平，掌心向下，掌指向前；眼看前方（圖183、184）。

　　以下動作及要點與前勢的攬雀尾動作（圖14～24）相同（圖185～194）。

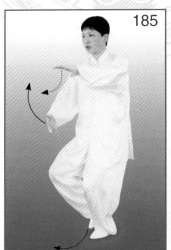

（三十一）單 鞭

動作及要點與第（三）勢「單鞭」
相同（圖195～200）。

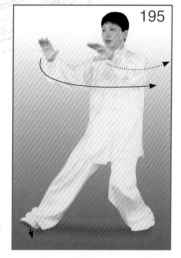

（三十二）左下勢

身體右轉，右腳尖稍稍外撇，重心後移，右腿屈膝下蹲；左腳掌為軸，腳跟稍外蹬，左腿伸直，成左仆步；同時左掌由前向上、向裏經左胸向下沿左腿裏側向前穿舉，掌心斜向下，掌指向前；眼看前下方（圖201、202、203）。

（三十三）上步七星

左腳尖微外撇，身體重心逐漸前移至左腿，身體起立；右腳向前邁出半步，腳尖點地，成右虛步；同時右掌由後向下、向前弧形抄舉，兩掌變拳在胸前相互交叉，成十字拳，右拳在外，拳心向前；左拳拳心向裏；眼看前方（圖204、205、206、207）。

【錯誤與糾正】

①錯誤：右腳上步成虛步時，上體前傾凸臀，上步後才立身。糾正：重心坐實左腿後，立身斂臀上右步成虛步。

②錯誤：兩拳在體前交叉無外撐之意，靠胸過近。糾正：兩拳在胸前交叉時沉肩墜肘，兩臂成弧形，有外撐之意。

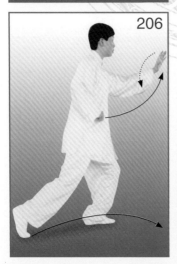

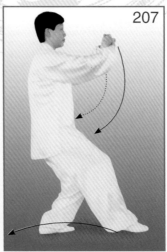

（三十四）退步跨虎

右腳後退一步，重心逐漸移於右腿；左腳收於右腳前，腳掌著地，成左虛步，同時兩拳變掌向下、向兩側弧形分開，右掌舉於頭的右上方，掌心向外，掌指向左；左掌按於左胯外側；掌心向下，掌指向前；眼看前方（圖208、209）。

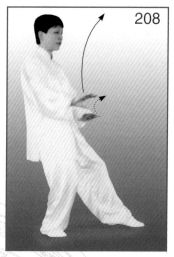

【錯誤與糾正】

①**錯誤**：定勢時，右臂上舉過直。**糾正**：右臂沉肩墜肘走外弧形上舉至頭的右上方，手臂成弧形。

②**錯誤**：虛步時，左胯僵挺，左腿過直。**糾正**：虛步時，沉胯坐實右腿，左腿膝蓋微向上提起。

（三十五）轉身擺蓮

　　身體右轉，左掌由左胯向左、向前上方弧形舉於體前，掌心向下；右掌由上向右、向下弧形舉於右腹前，掌心向下；隨即沿左臂上側向前、向右弧形移於身體右側方，掌心向下；同時左腳掌為軸，腳跟外展，右腳尖外撇，眼看右前方（圖210、211、212）。

　　身體右後轉，左腿提起，左腳向右
弧形邁步，腳尖內扣踏實，身體繼續右
後轉，兩腳隨轉體自然轉動，身體重心
落在左腿；右腿微屈，成右虛步；同
時，兩掌隨轉體向右後平行運轉；右掌
移於身體右前方，掌指向上，掌心斜向
下；左掌置於右前臂裏側，掌心向裏；
眼看右前方（圖213、214、215）。

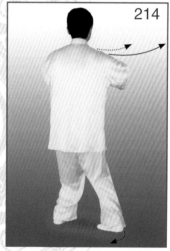

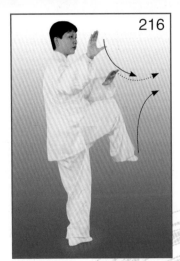

　　身體微左轉，右腿屈膝提起，隨即右腳面繃平，向左、向上、向右弧形擺踢（腿自然伸直）；同時，兩掌自右向左弧形拍右腳面（先左後右）眼看兩掌（圖216、217）。

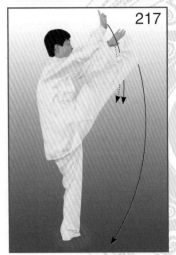

【錯誤與糾正】

　　①**錯誤：**右掌沿左臂上側穿掌，左臂無下弧行。**糾正：**右掌沿左臂上側穿掌，左手順勢稍向右、向下、向左、向上走一弧行。

　　②**錯誤：**擺腿時，聳肩拍腳，腿直踢。**糾正：**擺蓮時，提頂豎項鬆肩，右腿自左向右踢擺，兩掌自右向左弧形拍擊右腳面。

（三十六）彎弓射虎

右腳向右側方落地，隨之身體右轉，兩腳原地轉動，右腿屈膝側弓，左腿伸直，成右弓步；同時兩掌自左向下、向右弧形運轉，右掌變拳架於頭的右上方，拳心向外，左掌變拳由胸前向左前方打出，拳眼向上，眼看左拳（圖218、219、220）。

【錯誤與糾正】

①**錯誤**：轉腰與上肢動作脫節。**糾正**：兩手隨著腰的轉動而運行。

②**錯誤**：定勢時，上身向左前方傾斜。**糾正**：隨腰的轉動，上身沿自身的縱軸方向向左轉體。

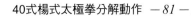

（三十七）搬攔捶

　　身體左轉，左腳外撇，重心移於左腿；右腿提起向前邁步，腳尖外撇；同時右拳向左下、向裏、向上弧形向前搬出，左掌變掌自前而下弧形移至胸前，掌心向右，掌指向上；眼看前方（圖221、222、223）。

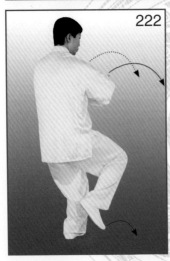

以下動作和要點與第（八）勢搬攔
捶相同（圖224、225、226）。

（三十八）如封似閉

　　動作和要點與第（九）勢如封似閉
相同（圖227、228、229、230）。

（三十九）十字手

身體右轉，左腳尖內扣踏實，右腳尖外擺，腳尖向前，右腿屈膝側弓，左腿伸直；同時右掌自左向上、向右弧形運轉至身體右側，掌心斜向外，掌指向上，臂屈；眼看右前方（圖231）。

身體左轉，右腳向左腳移步，成小開立步；同時兩手向下、向裏弧形交叉抱於胸前，右手在外，兩掌心向裏；眼看前方（圖232、233）。

【錯誤與糾正】

①錯誤：重心左移時，兩手臂僵直，上體前俯，左胯向左凸出。糾正：重心左移時，兩臂向下、向裏弧形合抱，坐實左腿時，自然立身斂臀，左胯放鬆。

②錯誤：十字手定勢時，兩腳易成八字形。糾正：左腳扣腳時，扣向轉體後的正前方，收右腳時與左腳平行站立。

（四十）收　勢

　　兩掌向外翻轉，掌心向下，掌指向前，隨即下落於兩腿外側，掌心向下，掌指向前；左腳向右腳靠攏，成併步站立；兩掌指下垂；眼看前方（圖234、235、236、237）。

【錯誤與糾正】

　　錯誤：身體過於放鬆。**糾正：**兩掌下落時，提頂，立身，含胸拔背，眼看前方。

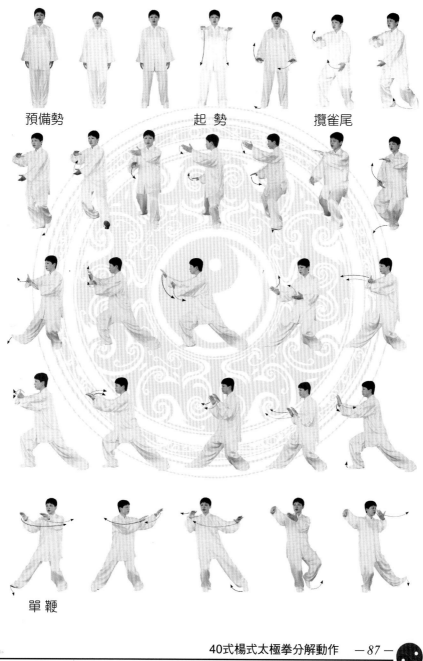

預備勢　　　　　　　　起　勢　　　　　　攬雀尾

單　鞭

提手上勢

白鶴亮翅

摟膝拗步

手揮琵琶

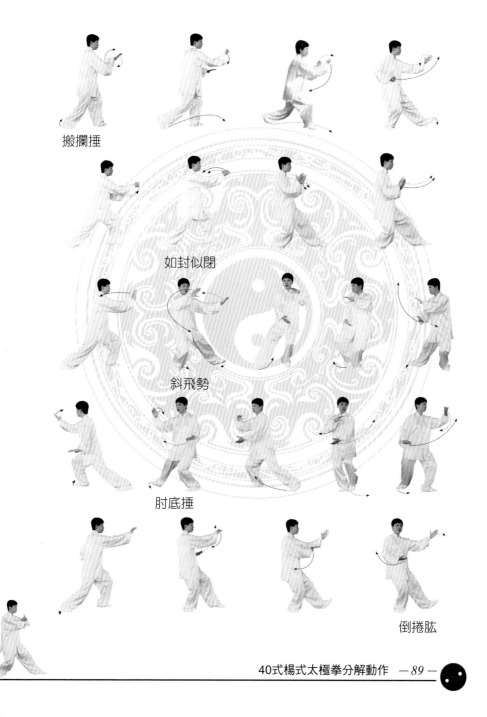

搬攔捶

如封似閉

斜飛勢

肘底捶

倒捲肱

左右穿梭

左右野馬分鬃

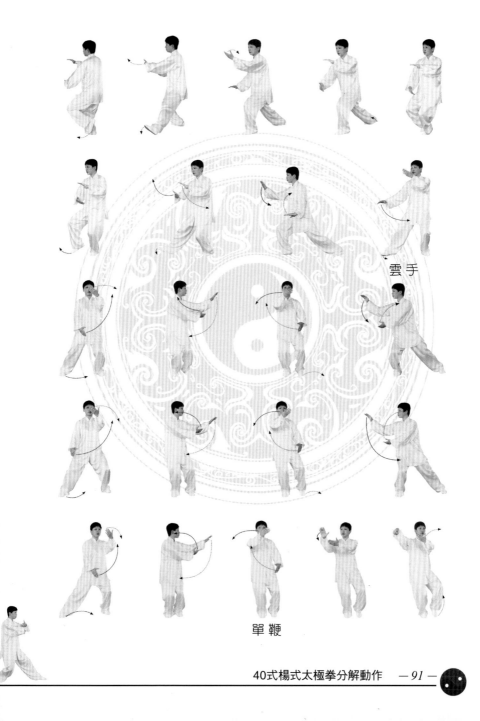

雲手

單鞭

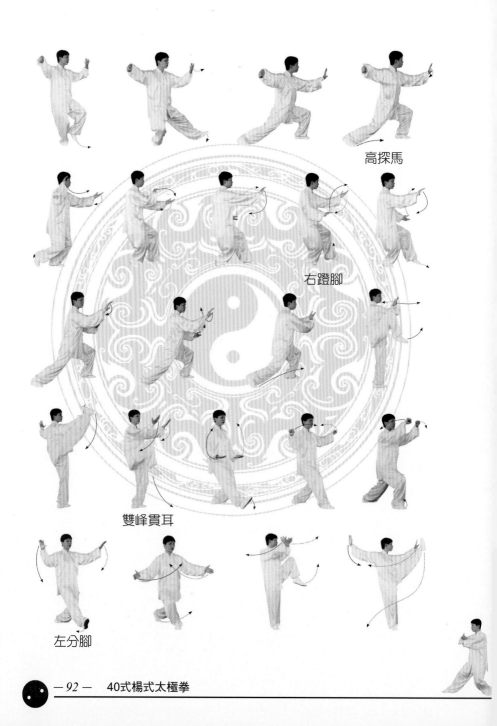

高探馬

右蹬腳

雙峰貫耳

左分腳

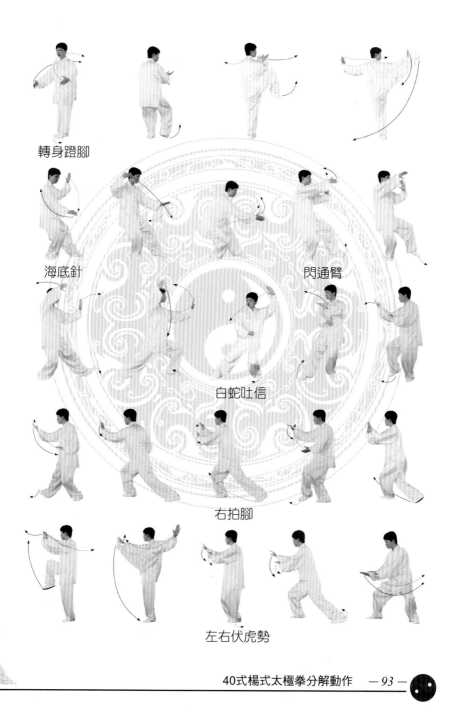

轉身蹬腳

海底針

閃通臂

白蛇吐信

右拍腳

左右伏虎勢

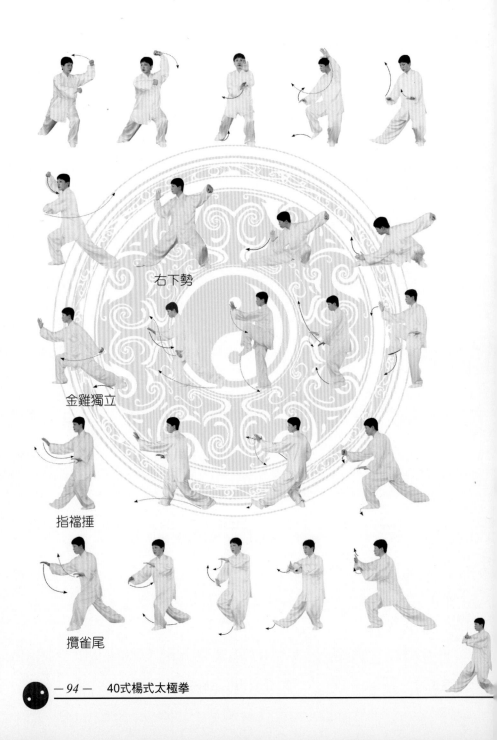

右下勢

金雞獨立

指襠捶

攬雀尾

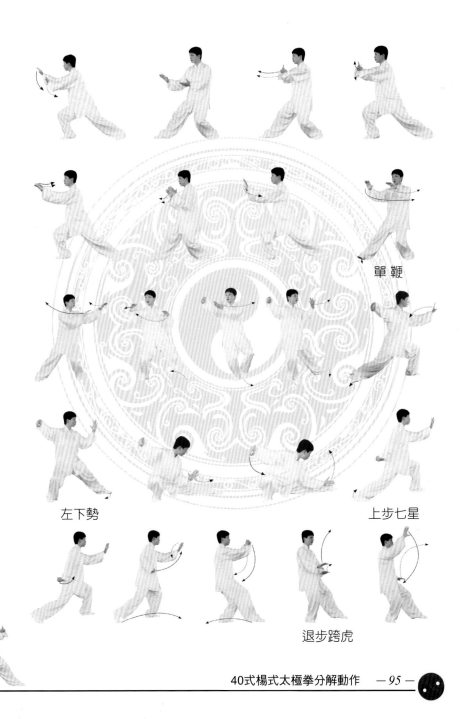

單鞭

左下勢　　　　　　　　　　　　上步七星

退步跨虎

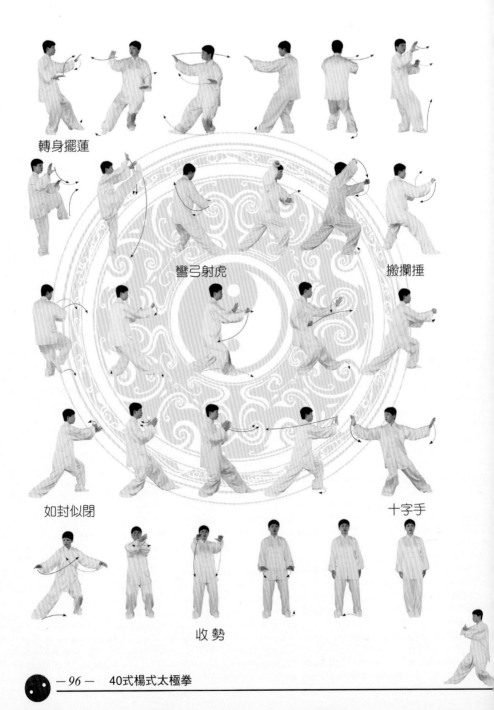

轉身擺蓮

彎弓射虎

搬攔捶

如封似閉

十字手

收 勢

大展好書　好書大展
品嘗好書　冠群可期